# 7
# LA FILOSOFIA DE DESEOS



Claro, es que me he distraído de nuevo.

Me explico: antes de ponerse en contacto con nuestros tres amiguitos en sueños, Papá Noel aprendió. Claro, claro, antes de enseñar hay que aprender. No se nace aprendido. Ya lo sabemos. Ante su enorme confusión, pues, decidió pedir ayuda. Y aprendió haciendo. Aprendió entrenándose. La mejor manera de aprender.
Ahora, renovado, se ha convertido en un eminente entrenador. Y se le conoce como...

...¡Papá Coach!

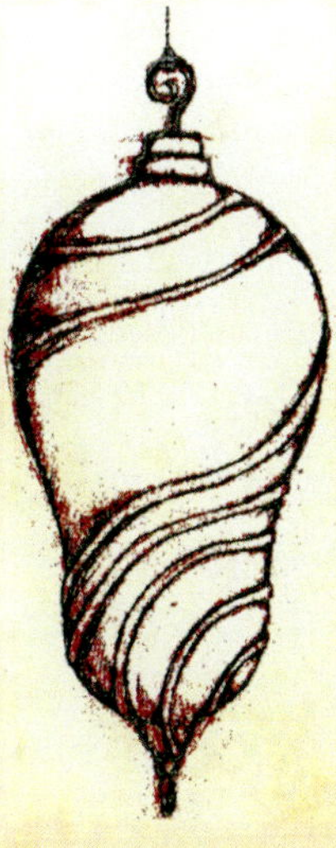

# 8

# PAPÁ COACH

Papá Noel, es decir, Papá Coach, comparte su método navideño con nuestros amiguitos, un método más que infalible para nuestros tiempos. Eso dice él. Pero no nos adelantemos.

Y así, Dive, Er y Siona tuvieron el mismo sueño la misma noche a la misma hora, cada uno en su camita.

A la mañana siguiente, Dive estaba atónito. Siona sorprendida. Y Er anonadado. ¡Ah! ¿Qué es lo mismo o casi? Sí, sí, lo sé, son sinónimos. Pero, bueno, la riqueza de vocabulario nunca viene mal. De hecho ayuda a concretar. Os la recomiendo.

Sigamos. También estaban, uno resplandeciente, otro radiante y otro centelleante... de dicha. Ya, ya, sinónimos también.
El caso es que los tres vivieron el mismo sueño y sintieron casi las mismas sensaciones. ¡No te fastidia! ¡Cómo me hubiera gustado a mí!
Se trataba de un sueño un tanto atrevido e inverosímil.
Veamos cómo lo explico.

Ahí va: dormidos, se dieron cuenta de que dormían. Consciente y lúcidamente, reconocieron a Papá Noel y vieron cómo éste se acercaba al oído de cada uno de ellos susurrando:
—Cada día de esta misma semana, durante siete noches, nos veremos aquí, los cuatro, para mejorar vuestros deseos. Ya ha pasado una noche.

Esto es todo.

¿Qué os ocurre? ¡Ah! Sí, ya está. Nada más.
Pensabais que sería más largo, ¿verdad? O, quizá, ¿más profundo y elaborado, con duendes, hadas, ogros, adivinanzas mágicas, por ejemplo? Ok, en realidad, este sueño sigue siendo profundo y mágico. ¿Os imagináis a Papá Noel, ahora Papá Coach, susurrándoos al oído cada noche en una misma semana a la misma hora y en sueños, mientras le ocurre exactamente lo mismo a vuestra pandilla de amigos?

El mismo sueño

La misma noche

A la misma hora

# 9

# Y AHORA, ¿QUÉ?

Así que al día siguiente, por la tarde, esta misma pandillita de tres amiguitos se reunió en el patio de la casa de Er, y los tres expresaron su sorpresa, compartiendo su júbilo al unísono, emocionados por el acontecimiento. Antes de verse, ya sabían que habían soñado lo mismo, con Papá Noel, ahora Papá Coach, ni más ni menos.

—¡Parecía taaaan real! —dijo Er.

—Fue real —corrigió Siona.

—Desde luego, no nos había pasado nunca —aseveró Er.
—¿Qué querrá? —preguntó curioso Dive—. ¿Lo sabéis? ¿Os ha dado alguna pista? Mira que he estado pensando todo el día, le he estado dando vueltas y no se me ocurre nada de nada.
—A mí me da que nos quiere ofrecer un gran regalo —dijo Siona optimista y contenta.
—Ya, pero, si no hemos escrito ninguna carta todavía. Es bastante pronto —aclaró Dive.
—Yo diría que no es tan pronto —advirtió Siona—. Navidad está a la vuelta de la esquina. Pero me refería a que quizá, bueno, ojalá, Papá Coach desee hacernos un regalo, aunque no le hayamos pedido nada. Por habernos portado tan bien.
Er y Dive la miraron de reojo.

Dive se acordó de pronto, inquieto, cómo le tiró una tarta llena de nata a su hermanito en su mismísima cara, riéndose a carcajadas... antes de que su madre lo reprendiera, claro.

Por su lado, Er estaba inmerso en el recuerdo de una pequeña, pequeñita travesurita, como dice él. Al fin y al cabo ¿quién no ha colgado un hombrecito de papel en la espalda de alguien alguna vez? Claro está que no es lo mismo hacérselo a según quien, como al director del colegio, por ejemplo. Bueno, qué más da, pensaba Er, si él mismo llevaba uno colgando sin saberlo.

Esas caritas de cierta preocupación hicieron reaccionar a Siona. Es verdad, hay que recordar. Vino a su memoria el sonido de las llaves del coche de su madre sumergiéndose en el tarro de mermelada. En algún lugar las tenía que esconder, la verdad. Es que desde luegoooo, el truquito del termómetro calentándose con la luz de la bombilla ya no funciona. No cuela. Aunque, esto tampoco le resultó. No había pensado en su compañera de clase que vive justo enfrente. Su padre las llevó al colegio a las dos.

Bueno, queda claro. No puede ser por esto.

—¿Y entonces? —preguntó de nuevo Siona—. Quizá quiere que lo ayudemos a recoger las cartas o a escoger los regalos. Quizás a repartirlos.

—Puede que sea para cuidar de los renos, cortarle el pelo y la barba a Papá Coach o limpiar las chimeneas —dijo Er.

—Ya, ¡qué intriga! —exclamó Dive—. Tenemos que esperar a esta noche. ¿Y si no me duermo? De los nervios, puede que no consiga dormirme. ¡Qué catástrofe!

Estaba realmente asustado. La alegría por la experiencia de estar con Papá Noel iba transformándose en duda por temor a perderse un segundo encuentro.

—Tómate una tila —le sugirió sonriente Siona.

—Puff...

—Puff...

—Bueno, a mí me gustan las hierbas, sientan muy bien.

Dive y Er volvieron a mirarla de reojo.

## 10

## EL MOMENTO

Una semana son siete días, ¿verdad? Siete días y siete noches.

La primera noche ya pasó.

Después de la primera, vino la segunda, a la noche siguiente.

# 11

# SEGUNDO ENCUENTRO

Finalmente, Dive pudo dormir de un tirón. Y sin tila, claro. Er y Siona, también. Parece cosa de hadas, la verdad, porque mira que estaban nerviosos a más no poder. Como cuando tienes un examen al día siguiente. No, no, mal ejemplo, ya que en esta ocasión no eran nervios con miedo, sino más bien nervios con ilusión. Con los exámenes no ocurre eso, ya lo sabemos.

Entonces como cuando, ¡eso!, como cuando al día siguiente es tu cumpleaños, o vas a ver a tus amigos, o... es Navidad. Parece como si los nervios residieran en el centro del cuerpo y no puedes dejar de sonreir. Parece como si el estómago y los labios fueran por su cuenta. También los ojos. No podían cerrarlos.

Los tres se encontraban en la misma situación. Cosquilleo en el estómago, tirón para arriba de los labios y ojos como naranjas. Y aun así, se durmieron a los 1, 2, 3 segundos. Pasaron de no poder cerrar los ojos a cerrarlos de inmediato. Eso digo yo, ¡un milagro! Cosa de hadas, por lo menos. Bueeeeno, de Papá Noel, ahora Papá Coach. ¡Cierto!

Y a las doce de la noche, en punto, Dive, Er y Siona tuvieron el mismo sueño.

Así que en sueños, como decía, Papá Coach apareció, se acercó a ellos y les confesó lo que le había sucedido, cómo se sentía. Y especificó la causa. Le recordó a Siona la tristeza de su muñeca Carry aplastada en el baúl de los juguetes; a Dive, la colección de libros, ahí, en el estante de arriba como para hacer bonito, sin leer; y a Er, el todoterreno de juguete de última generación, en la habitación de su hermanito, aunque ni lo recordaba.

¿Que cómo se despertaron cada uno de ellos? Er sonrojado, Siona colorada y Dive moradito. No podían reaccionar de otro modo ante la evidencia. Una de tantas, hay que decirlo. A pesar de la vergüenza, no pudieron encontrar explicación ante semejante actitud. Ninguna. Mira que pensaron y pensaron, pero no encontraron un razonamiento lógico para entenderlo. Ante la presencia del mismísimo Papá Coach, las excusas y justificaciones no tenían lugar. Se encontraban, en otro lugar, en el de la sinceridad. Con Papá Coach, se respiraba honor, autenticidad y verdad. Justificarse no tenía cabida.

Así que se quedaron en blanco, sin explicación. Pudieron recordar, sin embargo, la intensidad del deseo antes de tenerlo. No resultó nada difícil recordar cómo se pasaron horas y horas imaginando cómo jugaban una vez, y otra, y otra con lo que ansiaban. En ese momento, era cuestión de vida o muerte. Hasta llegaron a pensar que no podrían ser felices sin tenerlo.

Cuando lo tenga, seré feliz, vaticinaban.
¡Cuánto se equivocaban!
Claro, las evidencias: Carry enterrada y soterrada en el baúl, la colección de libros engañando en la estantería de la habitación y el todoterreno relegado a... ¡otro lugar!

Por la tarde, después de esa fastidiosa mañana, se reunieron en casa de Siona, en el desván. Daba la sensación de que deseaban esconderse y desaparecer. Cabizbajos, con los ojos clavados en el suelo, los hombros bajados y los pies casi arrastrándose, repasaron el sueño.

# 12

# SACUDIDA

Fue Siona quien inició la charla.

—Vaya chasco, ¿verdad? Y es que Papá Coach tiene razón —asumió con entereza y claridad Siona—. ¿Sabéis que he hecho esta mañana?

—¿Qué? —emitieron los dos amigos al mismo tiempo.

—Busqué a Carry. Y me pareció que estaba entre triste y contenta. Supongo que estaba triste porque hacía casi un año que no nos veíamos. Quizá también tuviera un poco de hambre y necesitara ir al baño. Así que la acompañé y le hice un cruasán con churros, todo de plastilina. Claro, después de tanto tiempo... imaginaos.

— Sí, me imagino —dijo Er—. ¡Debería de estar supercontenta de verte!

— Sí, y yo misma también, de verla.

— Pues yo, esta mañana —continuó Er—, rescaté mi todoterreno de la habitación de mi hermanito. Se lo pedí. ¡Resulta que lo utilizaba de pisapapeles! Así que lo recuperé. Le limpié las ruedas y los vidrios, y lo retoqué con pintura color kaki. Me encanta ese color. Luego, pude jugar como si me pusiera al volante para proteger animales de la selva.

—¡Qué divertido! —le dijo Dive a Er. Y prosiguió, queriendo compartir su mañana con sus amigos—. Yo —continuó— empecé a leer el primer libro de mi colección. Me inspiró tanto que me llenó toda la mañana. Ni me di cuenta de cómo pasaba el tiempo. Me gusta tocar los libros, olerlos, ver las letras impresas, sumergirme en las ilustraciones. Cuando lo hago, me olvido de todo. Y hasta parecía que el libro se alegraba de hablarme.

—Creo que Papá Coach quiere hacernos saber que nuestros juguetes también nos necesitan, que están ahí porque nosotros lo quisimos y que quieren convivir con nosotros. En realidad, nosotros jugamos con ellos pero ellos también con nosotros —advirtió Siona.

El silenció inundó el desván.
Y nuestros amiguitos se quedaron pensativos.

## 13

## REVELACIÓN

Ya, es verdad que no sentían la misma ilusión inocente del día anterior, o al menos no la notaban con el mismo fervor, pero algo los intrigaba con fuerza. Para empezar, sabían que Papá Coach estaba en lo cierto. También sabían que quería ayudarlos. Y poco a poco fueron entendiendo que los encuentros con él no tenían nada que ver con su pelo y su barba, ni con las chimeneas, ni con los renos. No tenía nada que ver con nada de nada que pudieran imaginar antes.

Y es que uno se ilusiona, tiene un deseo y se lo pide a Papá Noel, éste con mucho gusto lo concede, se disfruta del regalo unos días, y finalmente... se deja de lado y se olvida uno de lo que tanto anheló.
Siona reconoció, sin embargo, la labor de Papá Noel, ahora Papá Coach: conceder los deseos, ni más ni menos.

Se hizo la misma pregunta que Papá Coach: ¿Qué está ocurriendo? ¿Qué le había podido suceder para que se olvidara de Carry? ¿No se dijo a sí misma que iba a jugar mucho con su muñeca? ¿No se dijo que iba a ser feliz?

Ya cada uno en su propia casa, Dive y Er pensaron del mismo modo.

Mientras, Papá Coach, ahí arriba, los observaba tranquilamente y con orgullo. Le daba la sensación de que la cosa iba bien. Estaba pensando que resultaba fructífero darse cuenta de las cosas y plantearse preguntas sobre sí mismo. Estaba claro que sus tres amiguitos querían mejorar.

# 14

# ALGUNAS CUESTIONES

Esa noche, cada uno en su camita, con la luz de la mesita de noche encendida, quiso plantearse una cuestión básica: Y ahora, ¿qué?
Sí, claro, se trataba de valorar los juguetes, en fin, mejor dicho, los deseos. Pero, ahora, ¿qué? Estaban intrigados por saber qué es lo que Papá Coach podía revelarles de nuevo esta tercera noche y después de este desastre. ¿Quizás otro desastre? ¿O alguna revelación más bien agradable? ¿Alguna solución, quizás?

Siona deseó con todas sus fuerzas que Papá Coach les revelara el porqué de su actitud. Que le explicara por qué se comportó de ese modo con algo tan importante. Ella, tenaz y resolutiva por naturaleza, no quería dejarse arrastrar por la duda y el remordimiento. Quería saber más. Quería comprender.

Dive, por su lado, quería saber si el problema radicaba en que había deseado algo que en realidad no deseaba, ya que sabía que le gustaba leer, pero no cualquier cosa. En especial, le gustaba la poesía, así que se dio cuenta de que no había concretado. Necesitaba perfilar su deseo.

Y finalmente, Er quería saber si podía depositar la felicidad en un todoterreno. Estaba empezando a dudarlo. Reflexionó durante un buen rato y entendió, lúcidamente, que la felicidad era cosa suya y que la podía cultivar a través de la experiencia. Se recreó mentalmente en imaginar cómo la podía cultivar a través de la experiencia del juego.

Cuántas cuestiones y cuántas preguntas, pensó Papá Coach. Sintió, de nuevo, que sus amiguitos iban por buen camino.

Y esa misma noche, a la misma hora, nuestros amiguitos, cada uno en su camita, apagaron la luz.

# 15

# LAS DOCE EN PUNTO

Tercera noche.

1, 2, 3 segundos y se durmieron de golpe, a la misma hora. A las doce en punto de la noche, Dive, Er y Siona tuvieron el mismo sueño. Esta vez, éste duró toda la noche.

# 16

# EL SENTIDO DE LOS SUEÑOS

Papá Coach quiso compartir con ellos una realidad: lo que les ocurría a ellos también les sucedía a otros niños... y a no tan niños. Reconoció que él mismo se sorprendió al principio, que le parecía inaudito y que se resistió a asumirlo. Continuó razonando con ellos, destapando su tristeza y gran preocupación de meses anteriores. Y quiso llegar a un punto importante. Quería transmitirles que el camino forma parte del resultado. Que caminar es empezar a experimentar el resultado. Que caminar hacia un anhelo con un buen planteamiento es acercarse y gozar del sentido del deseo.
Ahí está: el sentido del deseo.

Siona prestaba tanta atención, como nunca, tanto que estaba plenamente absorta en lo que planteaba Papá Coach. Er y Dive, todavía impresionados por la presencia tan poderosa y noble de Papá Coach, lo observaban totalmente concentrados. Desprendía tanta sabiduría y belleza. Poco a poco, se fueron dando cuenta de que algo les sucedía por dentro. Se sentían motivados. Motivados desde dentro, con fuerza y poder. Pero parecía que ambos, esa fuerza y ese poder, simplemente reflejaban las cualidades de Papá Coach.

Y así, todo parecía muy fácil. Estaban a la vez tranquilos y animados.

Se encontraban en el tejado de una casa. Los renos, serenos y resplandecientes, estaban aguardando en el jardín, cubierto de nieve. Era de noche. El frío no se hacía sentir, protegidos con una bellísima indumentaria propia del Polo Norte. Las estrellas y la luna llena presenciaban la conversación. Palabras en un silencio que parecía fundirse con el negro de la noche, entre el brillo de tanta hermosura. El saber estar de cada fenómeno mantenía la armonía. Una armonía contagiosa que se filtraba en el corazón de nuestros tres amiguitos.
Confiaban plenamente en Papá Coach y en el devenir de las cosas.

Papá Coach continuó. Les preguntó por el sentido concreto de sus deseos.
La verdad es que no entendieron nada de esa pregunta. ¿Qué significa sentido de los deseos? ¿Qué clase de pregunta es ésa? Papá Coach, al que no se le escapaba nada, se percató de la confusión de sus tres amiguitos. Se apresuró a buscar algún ejemplo que los pudiera ayudar.
—Por ejemplo, busquemos el sentido del aprendizaje. Adquirís conocimientos no tan sólo para estudiar, sin más. Si le buscáis el sentido, lo encontraréis. Escucháis consejos o historias de los demás para aprender. Recogéis información y practicáis para aprender. Y ese aprendizaje os fortalece a fin de estar preparados de cara a las experiencias de la vida. Os prepara.

De este modo, quiso explicar que siempre hay un "*para*", un "*para qué*" que otorga sentido a nuestros deseos.

Boquiabiertos, estaban los tres.
Dive se preguntó por su *para qué* de la lectura de poesía, Er por su *para qué* del todoterreno, y Siona de su *para qué* de cuidar.
A Dive le gustaba leer poesía, pero ¿para qué? ¿Qué sentido tenía tener esa colección de libros?
A Siona le gustaba Carry. Le gusta cuidarla, pero ¿para qué? ¿Qué sentido tenía tener esa muñequita?
Y a Er le gustaba conducir su todoterreno de juguete. Le gustaba proteger, pero ¿para qué? ¿Qué sentido tenía tener ese todoterreno?
Creedme, lo iban a averiguar.

De este modo, sólo a través de esas preguntas, Papá Coach los invitó a pensar en el "SER", dejando de lado, por un momento, el "TENER".
De golpe, los renos resoplaron. Sus cascabeles sonaron conformando una hermosa y sensible melodía. Con ello, fueron invitados a subir al trineo de Papá Coach y, mientras, un calorcito en el corazón los inundaba. Era tan profundo que sus ojos relucientes los delataron. Brillaban,... y al mismo tiempo, como no.

Segunda Parte

# EN EL MUNDO DE LA S

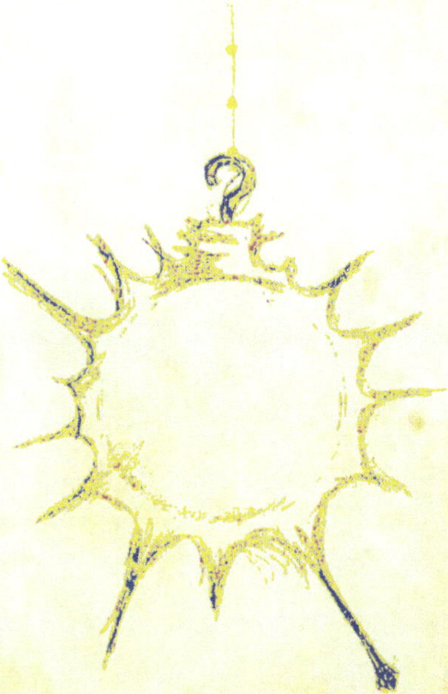

# 1

# CAMINANDO

Ya dije que el sueño duró toda la noche. Así que, ¡paciencia!

Nuestros amiguitos no sintieron vértigo en el trineo. Éste flotaba en el aire y se deslizaba con gran facilidad. Sin embargo, podía apreciarse perfectamente el ritmo de los renos, con el sonido de fondo de los cascabeles. Mientras, Papá Coach, en el centro del trineo, acompañando esta magnífica orquesta, cantaba:

Sueña, camina, sueña, camina,
sueña, camina y conseguirás,
Hoy es tu día, ayer fue tu día, mañana será tu día,
Sueña tu camino,
Camina tu sueño.

Dive, Er y Siona escuchaban la canción por primera vez, a pesar de sabérsela de memoria, como si de toda la vida se tratara. Estaban tan absortos en lo que sucedía que ni se dieron cuenta.

Llegaron a un lugar. Todos los lugares tienen un nombre.

Papá Coach les dijo:

—Esta tercera noche, nos encontramos en **el Mundo de la S**.

—¿El Mundo de la S? —preguntaron juntos.

—**La S de SER** —cantaron los siete renos al unísono, con la mayor alegría que te puedas imaginar.

## 2

# EL MUNDO DE LA S

A ver, ¿qué es lo que puede ocurrir en un mundo que se llama S? Parece tan absurdo, ¿verdad?

Pero para Dive, Er y Siona parecía de lo más normal, así como para los renos y para Papá Coach.

Y recordemos que Papá Noel era Papá Coach.

—Se es mientras se es.

Se es mientras se es,
No se es mientras no se es,
Ser siendo serás.

Cantaban todos juntos, como si lo hubieran hecho toda la vida.

—¿Por qué estamos aquí? —preguntó Er.

—Para ser lo que se es —contestaron los renos.

De pronto, Papá Coach preguntó:

—¿Qué es lo que más valoráis en la vida?

Escucharon con detenimiento la pregunta. Últimamente, entender a Papá Coach estaba resultando un tanto complicado. Sintieron la pregunta como una cuestión muy personal.

Hay que decirlo: ¡qué pregunta más trascendental! Se sintieron aturdidos, pero empezaban a habituarse a ello. Había tantas cosas que valoraban. Pensaban en los disfraces, los muñecos, las pegatinas, las películas, los videojuegos, las gominolas. Y eso como mínimo. Y qué decir de los caramelos de arcoíris, los cruasanes de mantequilla, los pasteles de crema, la pizza a los mil quesos, la pasta gratinada, la bebida con burbujas. Anda que hacer esa preguntaaaa... ¿Trascendental para nuestros amiguitos?

Parecía que no. Y Papá Coach, con paciencia, se dirigió nuevamente a ellos para recalcarles que eso era "TENER" algo, y no se refería a eso.

Así que solitos ahondaron un poco. Papá Coach les concedió un poco de espacio para pensar. Miraron a su alrededor. Recordaron que estaban en el Mundo de la S, el Mundo del SER.
El entorno brillaba con todos los colores del arcoíris. Había mucho espacio. La tranquilidad reinaba. El silencio de la quietud envolvía sus cuerpecitos. Estaban flotando. ¡Estaban flotando! ¡Qué maravilla! Sonreían. Sus corazones palpitaban de plenitud. Y con inspiración genuina revelaron:
—Valoro por encima de todo el Amor —dijo Dive.
—Valoro por encima de todo la Paz —dijo Er.
—Valoro por encima de todo la Equidad —dijo Siona.
Lo vieron claro porque lo sintieron con claridad.
Tal como lo pensaron, lo que valoraban por encima de todo se manifestó ante ellos, como si de un reflejo se tratara.

Dive vio con claridad cómo la gente se abrazaba. Cómo se besaba. Cómo se escribían cartas de amor y se llamaba por móvil desde lejos para compartir palabras de cariño, y desde aún más lejos cómo chateaba desafiando la distancia por amor. Se vio a sí mismo escribiendo versos de amor. Sus libros se editaban como churros. La gente los leía en la cama antes de ir a dormir, en el parque una tarde de otoño, en la biblioteca llenando el silencio absoluto. Estaba maravillado.

Er vio cómo podía proteger con valentía a los animales y las plantas de su país, cómo defendía la vida y la paz en la tierra, cómo realizaba tareas de cuidado colaborando con firmeza. Veía cómo los animales y la flora podían convivir en armonía con la humanidad. Veía la convicción de toda la gente en los proyectos de paz. Veía la bandera blanca por todas partes. Estaba extasiado.

Y Siona vio cómo el hambre desaparecía para dar lugar a la equidad y la igualdad de condiciones. Vio cómo cada gobierno de la tierra procuraba atender esa necesidad. Se vio a sí misma regentando su propio restaurante. Vio cómo cocinaba con entusiasmo y veía a sus clientes disfrutando de todos los sabores y texturas. Estaba pletórica.

Porque Dive no soportaba la soledad y el abandono, reconoció su más alto valor: el amor. Y entendió que quería ser poeta para inspirar bonitas palabras y bellos sentimientos.

Porque Er no soportaba la guerra y la violencia, reconoció su más alto valor: la paz. Y entendió que quería ser ecologista para proteger la vida, la fauna y la flora, y poder crear un mundo de paz.

Porque Siona no soportaba la pobreza y el hambre, reconoció su más alto valor: la equidad. Y entendió que quería ser chef para alimentar a muchas personas.

En el Mundo de la S, el Mundo del SER, nuestros tres amiguitos se vieron siendo. **Tuvieron la visión de su ser**. Descubrieron lo que querían ser.
Papá Coach los observaba en silencio. Es lo que se puede hacer cuando se acompaña a tan bellos amiguitos en sus descubrimientos.

Y como si se tratara de un espejo, Papá Coach recordó su crisis, desde lo lejos en el tiempo. Se regocijó con plena satisfacción de su reencuentro con su más alto valor: la vida. Su propósito era, es y será dar vida, insuflar en los demás, pequeños y no tan pequeños, el aliento de la vida, con el motor de la ilusión y la capacidad de construcción. Recordó su lema.

¿Cuál es su lema? ¡Ah! Ahí va:

"La vida se construye, las ilusiones se construyen, los deseos se construyen,

la felicidad se construye".

Sonrió. Y los renos cantaron:

No pierdas tu visión,
Acompaña tu misión,
Inicia con ilusión,
Y sigue la dirección.

De golpe, Dive, Er y Siona se despertaron, cada uno en su camita.

Recordaron el sueño con todo detalle. Esta vez, supieron que la noche siguiente irían en busca de la dirección. Pero, ¿qué significaba seguir la dirección?

# 3

# FUSIÓN

Decidieron reunirse por la tarde en casa de Er.
Estaba nevando. Er se asomó a su ventana. La nieve empezaba a cubrir el césped del jardín.
Y lo vio. Se frotó los ojos. Y lo siguió viendo, bien claro. Se pellizcó, por si acaso. Quizás estaba dormido, pensó.
—¡Ay!
Pero no, estaba bien despierto.
Vio claramente cómo se iban dibujando las huellas de los siete renos en el manto de nieve, conforme caían los copos.
Las contó: veintiocho huellas. Eso es lo mismo que siete renos. ¡Exacto!
¿Qué significa esto? ¿Era un sueño? ¿Era real?

Estaba claro, Papá Coach estaba presente. Y la ilusión ya impregnaba las almas de nuestros amiguitos.

# 4

# EL CHOCO

Hacía frío, pero no lo notaban. Juntos ya en el jardín, estaban mirando fijamente las huellas de los renos. Se mantenían dibujadas en la nieve a pesar de que ésta seguía cayendo. Alzaron la mirada hacia el cielo, luego hacia el tejado de la casa de Er. Efectivamente, estuvieron ahí, esa misma noche, en el sueño. ¿Cómo no se dieron cuenta? Poco a poco, iban teniendo la sensación de que lo que les sucedía era importante. Algo así como que les iba a cambiar la vida, que después de esas siete lunas, la ilusión transmitida por Papá Coach les daría mucha vida.
Dive pensaba en el amor, Er en la paz y Siona en la equidad.

De pronto, olieron a chocolate. ¡Chocolate! Siona ya no supo por unos segundos si volvía a estar soñando y ya olía lo que no había.

¡Plam! Oyó la puerta de la casa que se cerraba de golpe. Dive y Er ya no estaban ahí. Siona refunfuñó.
—¡Vaya! ¡Ya están en la cocina! Me van a dejar sin pasteeeeel.
Y corrió a toda pastilla.

Siona admiraba el papá de Er. Era pastelero. Y, bueno, para ella, cocinero o pastelero es casi casi lo mismo. Lo cierto es que los pasteles del padre de Er eran los más buenos del mundo. Del mundo entero, rectificaría Siona. En fin, el caso es que ella quería ser como él. Ya delante del pastel, en la cocina, observando al papá de Er, recordó el sueño. Efectivamente, el sueño afianzó una impresión que ya tenía desde hacía tiempo: definitivamente era su ídolo.

Miraba con atención toda la cocina. Parecía que lo tenía todo. Todo lo que hacía falta para cocinar ahí estaba: la espátula hipermegalarga, el horno profesional, la báscula ultramoderna, las sartenes colgando del centro, una librería con libros de recetas, moldes de todas las formas... y hasta la chocolatera. Le parecía increíble. Se sentía como en su paraíso. Todo permanecía ordenado, bien dispuesto y reluciente. En el centro de la cocina, la mesa de trabajo invitaba a la creación. La nevera y la despensa estaban repletas de comida: francesa, americana, china, árabe, sueca, italiana, española, africana. Ahí estaba su modelo, cocinando para ellos.

Ya casi al final de la merienda... Upss, perdón, hemos de decir que aplazaron la reunión para un poco más tarde, por razones de fuerza mayor, bien obvias. Es que con este pastel de *crêpes* al chocolate no hay espacio para pensar. Ni se os ocurra. Si algún día probáis algún pastel del padre de Er, si lo probarais, no podríais pensar. Tan sólo podríais saborear, nada más, y evidentemente, ¡estar en el cielo!

Y mientras Siona estaba en el cielo, saboreando y resaboreando, le dio la sensación de ver la silueta de Papá Coach por la ventana. Así, de refilón. ¿Se estaba volviendo loca? No puede ser, se dijo, todavía no es Navidad y no es de noche. Miró a sus amigos. Nada. Dive, con la boca llena, estaba concentrado con el pastel. Y Er, vaya, también con la boca llena y los labios manchados de choco, como dice él. Siona se tranquilizó. Después de todo, ¿qué más daba? Papá Coach estaba presente de algún modo en sus vidas. Todo el rato.

Y tuvo una inspiración que tan sólo pudo formularse bajo la forma de una cuestión: ¿Podría algún día aprender del padre de Er?

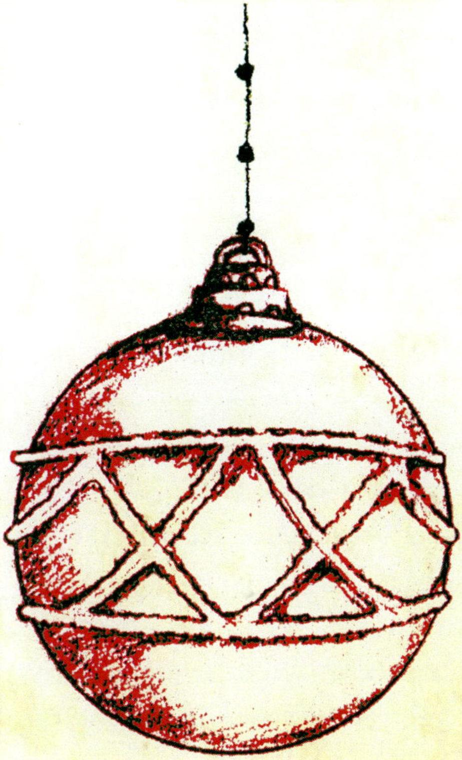

# 5

# TOP SECRET

Ya solos, por fin, seguían en la cocina. No tenían prisa. Claro, hay cosas más importantes en la vida, como, por ejemplo, el choco. Es verdad, mientras comes choco no puedes pensar, pero después de comer choco puedes pensar mejor.

Tenían mucho de qué hablar, es cierto. Por lo que se apresuraron luego a encontrarse en la habitación de Er. En el pomo de la puerta, por fuera, colgaron el cartelito "No Entrar. Privado. Top Secret". Bien explícito, para que nadie se equivocara.

En el interior de la habitación, se encontraban a oscuras. Tan sólo una franjita de claridad, de sol, entraba por la ranura de la ventana semicerrada. Sí, necesitaban intimidad. Seguían impresionados. Habían pensado en tantas cosas últimamente: el sentido del deseo, la importancia de los valores, la utilidad de las visiones. Y habían notado tantas cosas: la mezcla de inquietud y ansia, la plenitud en el alma, la claridad en el ser.

Poeta, ecologista y chef. ¡Qué claridad! Amor, paz y equidad.

Pero tenían una duda: ¿Cómo podrían lograrlo? Tal vez Papá Coach les concedería lo que deseaban sin más. Podrían escribir una cartita con muy buena letra, en papel

navideño perfumado de choco. Quizá de ese modo... puede que sí. Al fin y al cabo, Papá Coach estaba ahí.
Sin embargo, a pesar de ser una suposición de lo más lógica,.. Sí, sí, de lo más lógica. ¿No es lógico acaso que Papá Noel conceda deseos? Es la tradición, ¿no? ¡Ah! Bueno, pensaba que por un momento lo dudabais. Estamos de acuerdo en que es lo más lógico del mundo.
Pues, como decía, a pesar de ser la idea más lógica del mundo, Er, Siona y Dive tenían la sospecha de que no sería de este modo. Papá Coach se refería a una manera de hacer bastante más diferente. Pero, ¿cuál sería?

## 6

## LAS DOCE EN PUNTO

Tuvieron que esperar a la noche.
Cuarta luna.
1, 2, 3 segundos y sus ojos se cerraron de golpe, a la vez, a la misma hora. Y tuvieron el mismo sueño.

## Tercera Parte

# EN EL MUNDO DE LA H

## 1

## EL MUNDO DE LA H

Y a las doce en punto de la noche, al mismo tiempo, juntos, se encontraron sentados al lado de Papá Coach en el trineo. Los renos sonreían.

Ya se dieron cuenta de que éstos tenían una gran facilidad para estar contentos.

*En busca de la dirección,*
*Siento mi visión,*
*Si dibujo la dirección,*
*Construyo mi misión.*

Así cantaban todos juntos, bien calentitos con esos abrigos y pantalones espesos y ornamentados.
—La dirección se encuentra en el "HACER". Es el camino. Hemos viajado así hasta **el Mundo de la H**, **¡el Mundo del HACER**! —explicó Papá Coach.
Tal como lo esperaban, Dive, Er y Siona.
Aun así, el vello de sus cuerpecitos se erizó, las pupilas de sus ojos se dilataron y el nudo en sus gargantas apretaba la respiración. Seguían contentos, ilusionados también, pero la inquietud empezaba a tomar forma en ellos.
¿Qué quería decir "HACER"?
Suena más bien a hacer los deberes, hacer la cama, hacer la casa, sacar la basura, hacer la lista de la compra, poner la mesa. En fin, que no sonaba muy bien. Ahora, resultaba que el super sueño se convertía en pesadilla. Pasábamos del choco que no deja pensar, las canciones de toda la vida, los milagros libres de tilas... ¿¡al aburrimiento del esfuerzo!? No podían creerlo.

Bueno, hay que subrayar que tan sólo se trataba de imaginaciones suyas. Papá Coach no había tenido tiempo de responder a ninguna pregunta. No había dicho nada de todo eso.
Aunque se dio cuenta de que la inquietud obnubila el pensamiento, distorsiona la confianza y erosiona la esperanza. Al fin y al cabo, Papá Coach conoce al dedillo los temores y las peores pesadillas de cualquiera de nosotros, los niños y los no tan niños: levantarse pronto por la mañana, hacer la cama, ir al cole o al trabajo, hacer los deberes o

encargarse de las pesadas rutinas.

¡Hummmmm! ¿Eso son pesadillas? O, ¿es la realidad? Yo, ya empiezo a confundirme, casi tanto como Siona.

Y, ¿vosotros? ¿Cómo lo lleváis?

Volvamos al Mundo de la H.

—¡¿Hacer qué?! —preguntaron con fuerza, asustados.

—Hacer lo que te gusta —los tranquilizó Papá Coach.

—¡Ah! ¡Bueno! —se les escapó a los tres a la vez. Y miraron hacia otro lado, un pelín avergonzados. Sólo un poco. Inmediatamente después, lo volvieron a mirar con curiosidad.

Eso ya sonaba de maravilla. ¿Lo que más les gustaba? Fácil: comer, jugar, divertirse, reír, correr, saltar, cantar.

Lo miraron con intensidad, directamente a los ojos. Hubo un silencio, más bien largo.

¡Qué misterio!

—Mirad a vuestro alrededor —solicitó suavemente un reno, armonizándose con el silencio.

Así lo hicieron. Miraron a su alrededor. ¿Qué había de particular? ¿Quién había de particular?
Contemplaron, unidos con el silencio, ese mundo extraño: repleto de caminos, perfectamente delimitados, hermosamente bordeados por flores que perfumaban camino y caminante. Todo fenómeno se mostraba claro y límpido. Todo entre alegre y contagioso.
Se fijaron luego en los detalles y pudieron percatarse de que se trataba de un lugar lleno de laberintos. Y, así, desde lo lejos, se fijaron un poco más, dándose cuenta del movimiento de los muros repletos de hojas. Éstos se deslizaban de vez en cuando, no siempre. ¿Un laberinto gigante y móvil?
Cada persona tenía un bloc en sus manos. Escribían de vez en cuando. Se detenían también de vez en cuando, descansando en alguna piedra, un banco o debajo de algún árbol. Algunas veces, tachaban algo en el bloc y los muros se deslizaban hacia otros lados dibujando un camino diferente. Sólo se movían si lo trazaban en sus planes.

Papá Coach respondió a esa pregunta que no fue pronunciada:
—Sí, el laberinto es móvil, porque, en realidad, el laberinto de la vida es móvil. No hay un solo camino para llegar a tu meta. Cuando estás en ruta, la cuestión del "Cómo", del "cómo llegar a la meta", persiste hasta el final. Se planifica, sí, pero se es flexible también. Sobre la marcha, uno puede tomar otro camino o un atajo, hacer un pequeño o gran descanso, e incluso detenerse definitivamente. Todo ello, se puede hacer con consciencia y satisfacción. Uno mismo diseña su propio camino. Su propia vida.

De pronto, nuestros amigos sintieron algo en la mano. ¡Un bloc!
¿Cómo? ¿Así de pronto? Sí, así de pronto. Al fin y al cabo, ¿qué se puede esperar cuando estás en el Mundo de la H con Papá Coach y los siete renos? Pues eso, un bloc, así, de repente. ¿Qué le vamos a hacer?

## 2

## UN PLAN

Entonces, ¿hacer es escribir? ¿Se trata de escribir? Eso se preguntaban.
Dive sonrió para sus adentros. Escribir le gustaba. Escribir es lo mío, se recordó a sí mismo. Esto sigue siendo un buen sueño, uff, pensó.
Mientras se le empezaba a caer saliva por un lado de la boca, Er y Siona siguieron atónitos. Curiosos, se dirigieron a Papá Coach.
—¿Para qué queremos un bloc, Papá Coach? —le preguntaron intrigados.

—Para escribir —contestó éste.

—Ya, ya, ¿pero escribir qué? —volvieron a preguntar a dúo. Mientras, Dive seguía con lo suyo.

—Vamos a escribir el "Cómo". Ya tenemos el "Qué" y el "Para Qué". Ahora, necesitamos el "Cómo".

—¿El "Cómo"?

—Sí, el "Cómo" de "cómo hacerlo", es decir, escribiremos cómo llegar a nuestros sueños y deseos. Ya hemos hecho que nuestros deseos sean objetivos. Por lo tanto, hemos de tener muy claro lo que podemos hacer para construirlos y conseguirlos. Hemos de tener muy claro qué hacer, cómo hacerlo y cuando hacerlo. A esto se lo llama "Planificar" y "Construir". Se trata de actuar pensando en las consecuencias. Recordad —prosiguió —:

La felicidad construyo,
Para que fluya,
Los deseos construyo,
Para que fluyan.

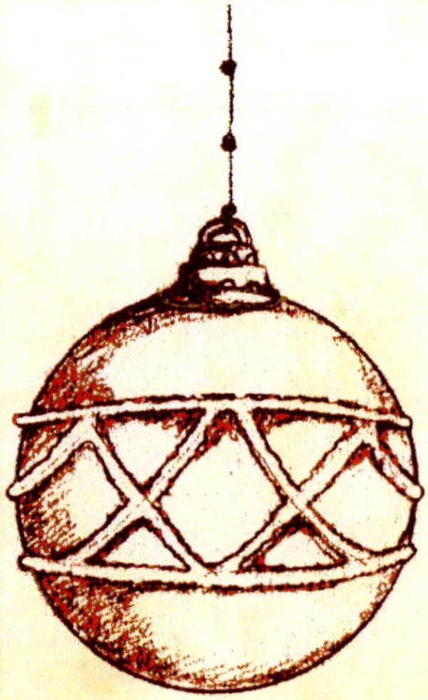

Cantó mientras aconsejaba. Y continuó:

—Sí, **la felicidad es una práctica**. La vamos construyendo nosotros mismos. La felicidad es una práctica. ¡Es un gran secreto! —añadió.

—¡Vaya! Un secreeeeto —exclamó Dive como despertando de un sueño—. Me encantan los secretos.

—Ya no será un secreto para vosotros, siempre y cuando lo practiquéis como os digo. Si no lo hacéis, lo olvidaréis y seguirá estando oculto.

Parecía una gran verdad. Una verdad que resonaba en todo el Universo. Podían percibir el eco. Los oídos de nuestros amiguitos zumbaron un rato, lo suficiente como para que instintivamente —¿o deberíamos decir *culturalmente*? — cada uno de ellos se acercara las manos a las orejas para protegerlas.

Papá Coach, de nuevo, lo vio muy claro:

—¿De qué os escondéis sin daros cuenta? ¿Cuál es vuestro hábito? ¿Qué es lo que no queréis escuchar?

E hizo una pausa.

Ante ese silencio, tal vez el silencio de la introspección, tal vez el silencio del miedo, Papá Coach continuó:

—¿Cuesta reconciliarse con la palabra "práctica"? ¿O os asusta contemplar la verdad que os acabo de recordar?

Pero tan sólo se trataba de una mala costumbre.

—Oh, no, nooo. Nos encanta saber eso —reconocieron a la vez.

Un aire de firmeza y libertad recorrió el cuerpecito de cada uno de ellos.

Son verdades que retumban en los oídos y se pueden confundir con falsedades. Son revelaciones que pueden sonar a engaños.
Precisamente lo contrario. Curioso, ¿verdad?
Pero, esta vez, aquí y ahora, allí y allá, esta verdad liberaba de un gran peso.

Después del impacto, Papá Coach los invitó a pensar en sus objetivos para seguirlos.

# 3

# EL CÓMO

Y así lo hicieron.

Dive pensó en su objetivo de ser poeta.
—¿Cómo se es poeta, Dive? —le preguntó Papá Coach.
—Se es poeta siendo poeta. Se es cuando se es. Se es haciendo lo que se es. En mi caso, escribiendo poemas.
—¿Cómo puedes serlo? ¿Cómo puedes empezar?
—Escribiendo ya, sin esperar. Leer e inspirarme con la lectura de poemas de mis autores preferidos. Utilizaré este bloc para escribir.
—¿Cuándo lo harás?
—Quiero hacerlo un ratito cada día. ¡Me llena tanto! Lo haré cada día un ratito en la cama antes de acostarme. Es mi lugar más íntimo. Hay silencio y no me interrumpen.
—Bien, Dive, escribe tu plan. ¿Cómo crees que te sentirás mientras lo haces?
—Reconfortado. Me sentiré lleno. Me sentiré útil porque sé que de esta manera me acerco a mi sueño de inspirar amor a los demás.
Papá Coach se sintió satisfecho.

—¿Cómo se es ecologista, Er?

—Se es siendo, sólo siendo. Se es ecologista, siendo ecologista. Protegiendo el planeta.

—¿Cómo puedes serlo? ¿Cómo puedes empezar?

—Cuidando mi jardín. Cuidando los animales y las plantas de mi casa. Cuidaré los pajaritos de mi jardín, así como cuido a mi gatito Bola de Pelo. Me apuntaré también a la asociación de la madre de una amiga de clase. Es presidenta de la asociación del barrio que protege a los gatos abandonados.

—¿Cuándo lo harás?

—Este mismo sábado por la mañana, iré a verla. Me apuntaré y preguntaré qué puedo hacer. Creo que los visitaré el miércoles y el sábado. También puedo ver documentales para saber más.

—Muy bien, Er, escribe tu plan. ¿Cómo crees que te sentirás mientras lo haces?

—Satisfecho y contento. Me sentiré útil porque tendré la sensación de que me acerco a mi meta de promover paz y seguridad en el mundo. Eso da placer.

De nuevo, Papá Coach se sintió satisfecho.

—¿Cómo se es chef, Siona?

—Se es siendo, sólo siendo. Se es chef cocinando. También creando e inventando nuevas recetas.

—¿Cómo puedes serlo? ¿Cómo puedes empezar?

—Empezaré con la repostería. Tuve una inspiración. Una intuición. Creo que el padre de Er me podrá enseñar a hacer pasteles. Tiene una gran cocina. Es muy completa. ¡Vaya cocina! También buscaré recetas en internet. E invitaré a

Dive, Er y Bola de Pelo a degustar mis experimentos.
—Está bien, Siona. Y, ¿cuándo crees que puedes empezar?
—¡Mañana! Miraré en internet y hablaré con el papá de Er mañana mismo. A ver qué me dice.
—Bien, escribe tu plan, Siona. ¿Cómo crees que te sentirás mientras lo haces?
—Ilusionada y completa. Cuando cocino con mis padres, no suelo pensar en nada más. Me encanta. Estaré encantada de sentirme útil cuando invite a mis amigos a comer, porque me acercaré así a mi meta.
Papá Coach se sintió ampliamente satisfecho.

Sonrió.

Nuestros tres hermosos amiguitos, hinchados de vida, se estaban mostrando activos. Lo tenían muy claro.
Los renos y Papá Coach se sonrieron mientras Dive, Er y Siona, inspirados y ocupados, escribían en sus respectivos blocs.
De pronto, despertaron.

# 4

# A SOLAS

Esta vez, se despertaron ligeros y eufóricos.
Livianos, saltaron de sus camitas, casi como propulsados por la vida.
Rápidamente, por separado, cada uno en su habitación, se precipitaron hacia sus escritorios para escribir el plan, inspirados por la fuerza y sabiduría de las palabras de Papá Coach.
Pero no hizo falta buscar papel y lápiz o encender el ordenador: el bloc del sueño se encontraba encima de la mesa. ¡Desde luego, con Papá Coach, todo son sorpresas!

Por la tarde, antes de reencontrarse los tres en casa de Er, Siona navegó por internet buscando páginas interesantes de chefs del momento. Er habló con su amiga de clase por la red social para acudir el sábado a la sede de la asociación de su madre. Luego hizo un borrador de la estructura de la cabañita para Bola de Pelo. Y Dive compró una caja nueva para guardar el bloc y el boli. De paso, se compró un librito de segunda mano de poemas de un autor del siglo XVIII y creó su primer blog en internet:

soypoetamientrassoypoeta.blog

Estaban decididos.
Con el sabor de la mezcla de la plenitud y el ansia, se mostraban convencidos de su plan. Sí, ya sé lo que pensáis: parece contradictorio. Pero es que a veces lo somos, ¿o no?

# 5

# REUNIÓN

Por la tarde, en casa de Er, se volvieron a reunir. Contagiados por el júbilo, Siona aprovechó para hablar con el papá de Er que se encontraba en la cocina... cómo no.
Éste se ruborizó ante la petición de Siona. No se lo esperaba. Le pareció aún más delicioso que su pastel de *crêpes* de choco. Y se sintió algo así como importante. Inmediatamente, pensó en algunas recetas por las que podían empezar. Se dirigió a su super biblioteca de recetas, deslizó sus dedos por la cubierta de algunos libros. Éstos se detuvieron ante un librito, menudito, para cogerlo y entregárselo a Siona, sin mediar palabra, mirándola fijamente a los ojos. Ella, sin

parpadear ni un poquito, comprendió la magnificencia del gesto y, sin traicionar el silencio, sonrió... con los ojos.
Siona ya no podía pensar. Y es que a veces la alegría tampoco deja pensar, como el choco. ¿Serán las endorfinas? Esas sustancias llamadas "hormonas de la felicidad"...
Bueno, ya va bien. ¡La felicidad también puede ser saboreada!

Después, subió las escaleras y se dirigió a la habitación de Er. Sus amigos ya la conocían bien, así que la esperaban tranquilamente.

Se encontraban encima de la cama, con sus respectivos blocs. Se fijaron bien: había una insignia de Papá Coach en cada una de las hojas, en el lateral derecho. Rieron sin parar, eufóricos. Empezaban a comprender lo que le pasaba a Papá Coach. Lo que sentían era mil millones de billones mejor que lo que habían sentido por Carry, la colección de libros y el todoterreno. Nada que ver.
Esa plenitud que les llenaba el alma proporcionaba un sentido enorme al presente.

Y sus deseos tenían sentido. ¡Vaya si lo tenían!

# 6

## LAS DOCE EN PUNTO

Nuevamente, por la noche, cada uno en su camita, se dispusieron a dormir sin esfuerzo alguno. Claro está, Er lo hizo después de escribir unos cuantos versos.

Quinta luna.

1, 2, 3 segundos y sus ojos se cerraron de golpe, al mismo tiempo.

A las doce en punto de la noche, soñaron al mismo tiempo el mismo sueño.

Cuarta Parte

# EN EL MUNDO DE LA T

# 1

# EL MUNDO DE LA T

Otro Mundo...

—¡**El Mundo de la T**! —avisó un reno.

—¡Aaaa! —gritaron sobresaltados al unísono, sentados al lado de Papá Coach en el trineo.

Los renos estaban aterrizando. Nuestros amiguitos, adorables por cierto, volvían a llevar esa indumentaria tan calentita y hermosa, igual que Papá Coach y los renos.

Miraron a su alrededor. En ese mundo había de todo. Absolutamente de todo.

—¡Es **el Mundo del TENER**! Aquí tenemos los frutos —clarificó Papá Coach, divirtiéndose cada vez más.

La verdad es que daba mucha risa. Había de todo, pero lo mejor es que de fondo, se oían risas y risas de todo tipo: risa tonta, risa lúcida, risa larga, risa corta, risa a solas, risa compartida, risa con sonrisa, risa a secas. Y se contagiaba sobremanera. Er no pudo contener la suya propia. Siona lo acompañó. Y finalmente, Dive soltó una laaaaarga carcajada.

Ello no les impidió, más bien al contrario, poder contemplar el mundo en el que se encontraban: repleto de trofeos de toda índole. Aquí pequeños, allá grandes; aquí cortos,

allá largos; aquí estrechos, allá anchos; aquí translúcidos, allá opacos; aquí de oro, allá de diamantes; aquí de coral, allá de nácar.
¿Cómo podía ser tan divertido todo eso?

—Tener es el fruto, ni más ni menos. Desea y sé, planifica y sé, finalmente recoge los frutos y sé.

Ser es la base,
La raíz,
Hacer es el camino,
El tronco,
Tener es el logro,
El fruto.

Nuestros tres amiguitos, lindísimos por supuesto, reconocieron los frutos de ese momento entre tantas cosas en ese mundo. Así, Dive reconoció el agradecimiento de la mamá de su amiga de clase y la complicidad de Bola de Pelo. Er reconoció la presencia de la inspiración de la noche y la compañía de sus lectores de blog. Y Siona reconoció la amistad del padre de Er y la calidez en sus comidas compartidas.
Eso es lo que tenían. Y lo tenían... ¡ya!
Con Papá Coach y los renos, comprendieron que tales logros eran fruto de una actitud: un cambio en sus mentes y una filosofía de deseos.
Podían sentir que crecían, sí, crecían con los demás mientras se procuraban sus propios sueños.

Todo encajaba.
Más risas.
Y despertaron de golpe.

## 2

## SIN REUNIÓN

Pero, ¿cómo? ¿Qué no pudieron reunirse? ¿No quisieron reunirse? Porque despiertos estaban, ¿no?
Sí, sí, estaban despiertos.
Y siguieron despiertos todo el día.
Más despiertos no podían estar.
La verdad.

3

# DOCE EN PUNTO...DEL MEDIODÍA

Las 12 en punto del mediodía...

¡No puede ser! ¡No puede ser! ¡No puede ser!

¿Doce en punto del mediodía? ¡Eso ya no es normal!, exclamáis.

¿Ah, pero, las doce en punto de la noche era normal? Ah, eso pensaba yo... por vuestras caras ya veo que nos vamos comprendiendo.

Bueno, sigamos.

A las doce en punto del día, o sea, mediodía, nuestros tres amiguitos, adorables ellos, por su brillante inocencia en pleno esplendor, por separado pero al mismo tiempo, tuvieron la misma inspiración. Una de esas inspiraciones que parecen más bien certezas. No dan lugar a la duda. Ya sabéis de lo que hablo. Seguro.

El caso es que oyeron, desde adentro, desde muy muy muy adentro de ellos mismos, la voz de Papá Coach susurrando con firmeza:

—Esta sexta noche os advertiré de un asunto importante. Un asunto del todo natural, pero tan olvidado por los no tan niños que merece ser mencionado.

Esta luna, ¡precaución, amigos!

Parecía importante.

Nuevamente, el silencio protagonizó el medio del día. El mediodía.
Silencio pues.

## 4

## DOCE EN PUNTO...MEDIANOCHE

Sexta luna.
1, 2, 3 segundos y cerraron los párpados de sus inquietos pero confiados ojos, al mismo tiempo, a las doce en punto de la noche, cada uno en su camita. Tuvieron el mismo sueño. ¿Puede haber otro mundo?

# Quinta Parte

# EN EL MUNDO DE LA M

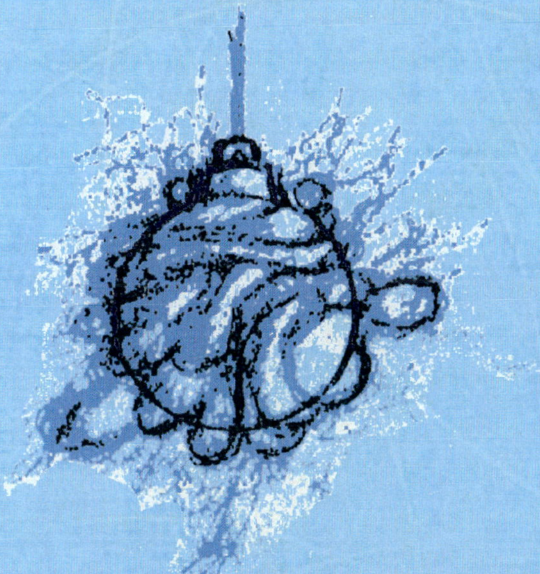

# 1

# LO IMPRONUNCIABLE POR LOS NO TAN NIÑOS

Eso es.

—Efectivamente. Hay otro Mundo —contestó Papá Coach a la pregunta que no se hizo, pero que sí se pensó. Así es Papá Coach.

Continuó hablando, pero sin hablar. ¿Cómo puede hacerse eso?, me preguntáis. No me lo preguntéis a mí, pues ni yo lo sé. Tan sólo sé que sucede.

Papá Coach les hizo pasar por la experiencia.

Hay imágenes que valen más que mil palabras. Hay experiencias que valen más que mil explicaciones.

Continuemos pues.

—Es el Mundo de la M —clarificó a medias Papá Coach.

Así que una noche más, un viaje más.

Acompañando a Papá Coach, se encontraron en el trineo, suspendidos en el espacio, lejos de casa. Desde luego, después del día de ayer, estaban satisfechos y contentos, pero desde mediodía aturdidos e inquietos. Papá Coach debe explicarse, pensaban.
Sí, Papá Coach tenía mucho que decir. Pero no quería perder su estilo. Por lo que tuvieron que aceptar su método. Infalible, recordemos.

Poco a poco, iban sintiendo una sensación nueva en el cuerpo. No es que fuera nueva del todo. Pero sí nueva al lado de Papá Coach. Nueva después de estas dos últimas noches. Y nueva porque de algún modo contrastaba con lo que habían llegado a sentir con él.
Es por ello que tardaron en reconocerla, ya que en realidad sí la habían sentido... y tantas veces.

Era como una sensación de ansia desagradable y de malestar algo punzante. Poco a poco, sus corazones se iban cerrando, pero no se daban cuenta.
Era una emoción.

—El Mundo de la M —repitió Papá Coach.
—¿Otro Mundo? Pensaba que ya habíamos terminado el viaje. ¿No es así? —preguntó Dive, ya con angustia. Más y más confuso, con el temor de que algo malo pudiera ocurrir, necesitaba ubicarse.
Sus corazones empezaron a latir más y más deprisa. Los músculos de sus cuerpecitos se estaban tensando. Y, vigilantes, miraban de reojo por todas partes.

Papá Coach lo sabía, y pronunció la palabra:

—M de Miedo.

Hubo otro silencio. Esta vez, un silencio... aterrador. Parecía que se podía escuchar la dureza del hielo. Eso era precisamente lo que estaban sintiendo:

¡estaban helados de MIEDO!

Ese mundo era de color negro. Estaba envuelto en una humareda espesa. Tenían dificultades para respirar. Empezaban a marearse.

Pero siguieron viajando. Era necesario.

De golpe, se sintieron protegidos por Papá Coach, sentados en un lugar extraño, parecido a una bola de cristal navideña. Juntos, dentro de ésta, pudieron respirar aire fresco al mismo tiempo que contemplaban las explicaciones no pronunciadas de Papá Coach. Los renos se miraron con complicidad. Viajaron suavemente deslizándose a través de la espesura del Miedo.

—El miedo puede paralizar. Debéis mirarlo de frente. Observadlo, suave y amablemente. No lo ignoréis, porque el miedo tiene mil caras. No lo combatáis, porque el miedo es natural.

Continuó:

—No hay peor miedo que el miedo al miedo. Es una gran verdad.

Añadió:

—El miedo puede apretujar vuestro corazón, puede clavaros los pies en el suelo, puede empalidecer vuestra tez y puede acelerar vuestra respiración. Pero hay que escucharlo y acompañarlo. Algo tiene que decir. Mientras lo escucháis, acentuad vuestra valentía, porque sin miedo no hay coraje. Sucede que, cuando tienes un sueño, puede aparecer el Miedo.

—¿Qué podemos hacer, si es natural?

—Soñador, sé un caminante. Soñador, continúa caminando. Soñador, escucha los avisos, detente ante los peligros del camino, pero continúa. Tu camino puede ser trazado de varias maneras y en varios momentos. Pero, soñador y caminante, continúa.

Prosiguió:

—Existen dos tipos de miedo: uno avisa y otro delira. Si avisa, detente, protégete y actúa ante ese peligro. Si delira, es el miedo al miedo. Ámate, entonces, y reconoce tu poder. Cuando aparece el miedo, el valor has de alimentar.

Inusitadamente, se aproximaron una veloz águila polar, en ese cielo oscuro, y, en esos valles espesos, un suave conejo polar y un imponente oso polar.

El águila, la astucia,
El oso, la fortaleza,
El conejo, la ternura,
No hay valor sin miedo,
No hay miedo sin valor.

Y continuó:

—El valor lo encontraréis a través de la astucia para pensar, la fortaleza para actuar y la ternura para sentir. Caminad en vuestro laberinto particular con astucia, fortaleza y ternura.

Dicho esto, Dive empezó a sentir tanta ternura que sus pies parecían patas saltarinas y sus orejas crecieron y crecieron. Parecía un conejo polar. Y el amor que tanto anhelaba compartir se activó a través de la ternura del corazón.

Er empezó a sentir tanta fuerza que sus piernas parecían peludas y grandes, y sus colmillos se alargaron, relucientes. Parecía un oso polar. Y la paz que tanto anhelaba construir se activó a través de la fortaleza de la acción.

Y Siona empezó a sentir tanta astucia que sus pies parecían garras y su mandíbula se alargó conformando un pico afilado, mientras le crecían las esbeltas alas. Parecía un águila polar. Y la equidad que tanto anhelaba alimentar se afianzó a través de la astucia del pensamiento.
El miedo colaboró y... ¡desapareció!

—Continuad vuestro camino, soñad y confiad en vuestra pasión.

La pasión os dará valor.

No hubo más que decir.
Por el momento, claro.
De pronto, despertaron.

## 2

# LO PRONUNCIABLE POR LOS NIÑOS

Al despertar, lo pronunciaron. Sí, sí, pronunciaron: "Miedo". Y se quedaron unos instantes más en la cama, disfrutando de ese calorcito entre las sábanas, parecido al calorcito de la confianza.

Sabían que podían pronunciarlo, porque podían permitirse sentirlo, contemplarlo como algo natural, mientras respiraban y confiaban.

Soñad y confiad en vosotros mismos,
Dive,
Er,
Siona,
Dive-Er-Siona,
Dive-er-sion,
¡Diversión!

¡Vaya!
Ahora entendéis la conexión que tenéis con ellos, ¿verdad? Ya os dije que me comprenderíais. Ya os lo aseguré. Papá Coach eligió a Dive, a Er y a Siona, y bien sabéis por qué. ¡Vosotros sabéis tanto de diversión!

Tan sólo soñar es posible,
Si capaz de divertirte eres,
Tan sólo caminar es posible,
Si capaz de divertirte eres,
Tan sólo confiar es posible,
Si capaz de divertirte eres,
Tan sólo lograr es posible,
Si capaz de divertirte eres.
Tan sólo ser es posible,
Si capaz de divertirte eres.

Bola de Pelo ronroneaba en la almohada de su amigo Dive.
Ron-ron
Ron-ron
Ron-ron-ron
¿O era el ronroneo de nuestros tres amiguitos?
¿O el de Papá Coach, quizás?

Yo sí que ronroneo. ¿Vosotros?

## 3

## REUNIÓN

Pudieron reunirse en casa de Siona. En el jardín, miraban el cielo en busca del águila polar, debajo de las plantas en busca del conejo polar y, por algún lado,... ¿quizás un oso polar?
Vamos a ver, y ¿por qué no?
¿Qué era realidad y qué era un sueño?
Chi lo sa.

Ahí estaban, de nuevo, reunidos. Astutos, fuertes y tiernos. ¡Un cóctel!
Estaban cada vez más decididos a caminar hasta llegar.
De este modo, presintieron que la última luna iba a ser decisiva.
—¿Qué más tendrá que decirnos Papá Coach? —preguntó Siona pensativa.
—Algo más, seguro, no hay duda —dijo Er con aire revelador.
—Anda, ¡no me digas! Nadie lo hubiera dicho —se burló irónica, aunque amablemente, Dive.
Siona y Er se rieron.

Sí, se dieron cuenta: se estaban divirtiendo, después de todo, como nunca.

El día transcurrió poco a poco. Parecía ser un día eterno, de esos que no terminan nunca, como cuando el segundero del reloj va poco a poco, como perezoso y traicionero.

Eran las ganas y las ansias de volver a ver a Papá Coach.

Pero más prisa tienes, amigo, más lento vas.

## 4

## POR FIN, LAS DOCE EN PUNTO

Séptima y última luna.

1, 2, 3 segundos y se durmieron de golpe, al mismo tiempo a las doce en punto de la noche.

Se reencontraron en el mismo sueño.

Sexta Parte

# LA DESPEDIDA

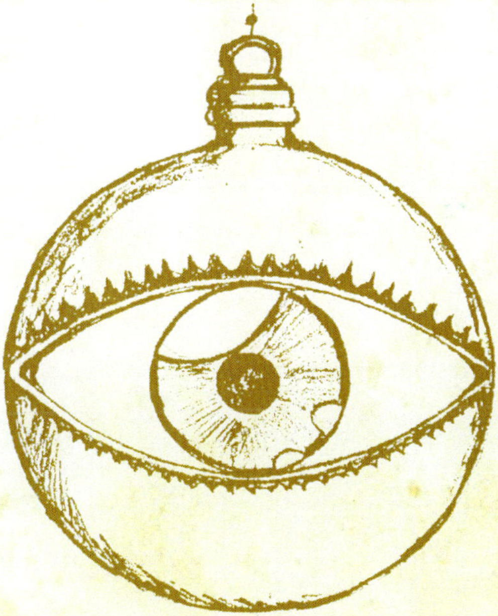

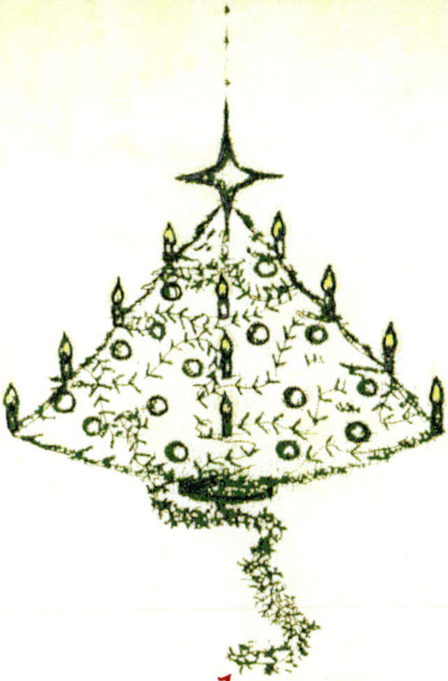

# 1

# "LA DESPEDIDA"

Vestidos, arreglados, abrigados y cuidados, se reencontraron ante la chimenea. ¡Eh! No una chimenea cualquiera. No, no. Os lo aseguro. Y bueno, ya veo que ya confiáis en mi. Así que cuando os digo que no se trataba de una chimenea cualquiera, no lo era.

Era la chimenea de casa de Papá Coach.

¡Uau!

—¡Uau! —emitieron los tres al mismo tiempo, compenetrados.

Compenetrados también con Papá Coach, no hay duda.

La diversión visitaba a Papá Coach.

¡Ups, perdón! Que me vuelvo a despistar. Quería decir que Dive, Er y Siona se encontraban en su casa, estupefactos. Y hay que decirlo: ¡estupefactos de estar aún estupefactos! ¿No tenían bastante ya con todo lo que había pasado? ¿Qué más iba a pasar? Ya se habían acostumbrado a la forma de hacer de Papá Coach: hablar sin hablar a destiempo. Hablar haciéndoles pasar por la experiencia.

Pero, esa luna, se equivocaron. ¡Otra estupefacción! Esa noche, Papá Coach quiso ir directo al grano, cantando, mientras los renos, fuera, bailaban:

Un sueño con sentido,
Es un presente con sentido,
Disfruta ahora,
Diviértete aquí,
Aquí y ahora,
Ahora y aquí,
¡Presencia!
¡Vivencia!

—Sí, ¿qué sentido tiene un sueño para sólo un futuro? Eso no tiene sentido. Tu sueño ha de servir para tu presente. Sé feliz aquí y ahora.
—Aquí y ahora —repitieron los renos.
—Aquí y ahora —repitieron el águila, el oso y el conejo, todos polares, claro.
—Aquí y ahora —repitieron Dive, Er y Siona.

Aquí y ahora, repitió la Diversión

Las llamas del fuego de la chimenea dibujaban siluetas y sombras en el salón. Esa luz pintaba el frío de la noche con Amor.

—Con Amor, amigos míos,... dulce Dive, atrevido Er y perspicaz Siona, os agradezco vuestra compañía.
Hubo una pausa.
—Agradeced todo lo que tenéis. Absolutamente todas vuestras bellas condiciones. Hay tanto que agradecer. Si buscáis, encontraréis.

Asintieron desde lo más profundo de sus corazones palpitantes. Desde ese lugar tan milagroso, el corazón, agradecieron a Papá Coach y a los renos, así como al águila, al oso y al conejo, todos polares, claro. Agradecieron su hospitalidad, sabiduría y generosidad.
Mientras, fuera, seguía nevando, cubriendo la tierra de un manto blanco noche. Olía a muérdago. ¿Lo oléis, verdad?

De golpe se despertaron, no sin antes oír las "¡**GRACIAS**!" que Papá Coach os dirigía con intensidad a todos vosotros, lectores.
¡Sí, a todos todos todos vosotros, sin excepción, grandes y pequeños, niños y no tan niños!

## 2

## 21 DE DICIEMBRE

Después de toda esta inolvidable aventura de siete lunas, escribieron su carta a Papá Noel, en fin, a Papá Coach.
Volcando espontáneamente lo que habían aprendido, definieron su sueño.

¿Sabéis ya cuál es vuestro sueño?

¿Habéis escrito vuestra carta? ¡No os olvidéis!

¿Queréis ver la mía? Puedo compartirla con vosotros. Aquí la tenéis:

Mi queridísimo Papá Coach:

Inspirada por tu calor, escribo estas líneas para ti.

Sigo caminando. No hay fin. Sueño y me divierto. Ser, hacer y tener en mi presente, dibujo a cada instante, como me enseñaste.

Soy lo que decido ser,
Hago lo que planifico hacer,
Tengo lo que a la vida misma puedo ofrecer,
Mi amigo el miedo me advierte,
Y las tres grandes damas,
La astucia, la fortaleza y la ternura,
Me acompañan.

Este año deseo un sueño que es mi meta, un sueño mío que hago mío. Lo camino en mi laberinto. El laberinto de la vida.

Este año, amigo mío, deseo contribuir a la felicidad de pequeños y no tan pequeños, recordando el poder que reside en cada uno de nosotros. Ésta es mi petición de regalo de Navidad.

¡Gracias!

Te dejo un vaso de champagne francés y un intento de pastel de crêpes de choco como el del padre de Er, en la chimenea para ti y los renos.

¡FELIZ NAVIDAD!

## 3

## 25 DE DICIEMBRE

## ¡FELIZ NAVIDAD, AMIGOS, NIÑOS Y NO TAN NIÑOS!

En fin, este año, tengo que despedirme. Nos veremos el año que viene.

Y por favor, ¡confiad en vosotros!

¡Despertad!

# FELIZ NAVIDAD

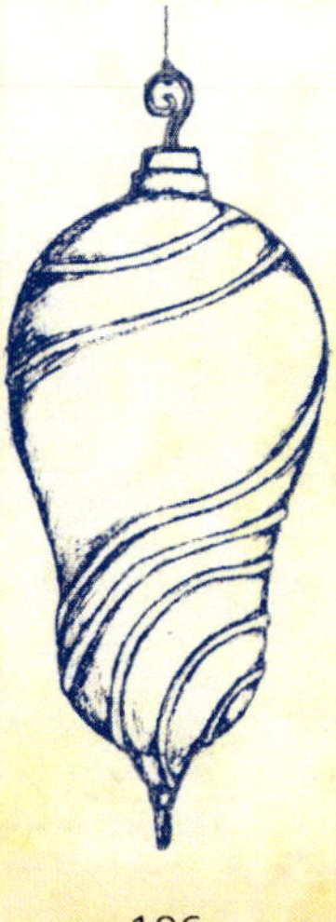

Epílogo

# Palabras de Papá Coach

Una vez llegados aquí, quisiera utilizar ahora el don de las palabras. Sí, ellas también tienen un don, tal y como vosotros tenéis el vuestro.
Voy a ser claro. Ya habéis pasado por la experiencia. Y merecéis una explicación. Deseo que la conservéis para siempre. Pero para hablar necesito que escuchéis... con el corazón.
¿Estáis escuchando con el corazón?

Recordad que se tiene porque se es, y no al revés. No se es porque se tenga tal cosa o tal otra, tal posición o tal otra, tal condición o tal otra. No empecéis la casa por el tejado. Empezad por la base. Acaso, ¿sois dignos sólo porque tenéis tal o cual juguete? Acaso, ¿sois felices y afortunados porque tenéis más o menos regalos? Más bien, sucede al revés. Porque sois lo que sois en relación a vuestros valores, tendréis lo que deseéis.

Recordad que el Tener se encuentra ya presente en el Ser y el Hacer. Así, mientras sois lo que deseáis ser y hacéis lo que deseáis hacer, mientras, ya tenéis. Pero recordad también que tan sólo tendréis lo que tenéis si lo reconocéis y agradecéis. En caso contrario, por mucho que tengáis, no tendréis.

Y porque sois humanos —no queráis ser inhumanos— recordad que el miedo es una emoción, y como tal es natural. Todas las emociones pueden ser nítidas y limpias. Para ello, reconocedlas y escuchadlas. No os apeguéis a ellas, pero tampoco las rechacéis. Acompañad al miedo. Si os advierte de un peligro real, desviaos de él y protegeos. En ese caso, podéis solucionar el problema, pedir ayuda, cambiar de dirección o simplemente perfilar vuestra meta. Y si el miedo es tan sólo fruto de una inseguridad interna, incrementad vuestras fortalezas a nivel de mente, corazón y acción. Y con valor, ¡continuad! La felicidad es una práctica cotidiana.

Recordad finalmente que mientras sentís la importancia de vuestra meta, no la convirtáis en urgencia. Dejaos sentir la importancia de vuestro camino. Lograréis tanto que quizá de este modo consigáis olvidaros de la urgencia del primero. Algunos logros ya empezaréis a tener en vuestro ser, ya lo sentiréis.

Son Verdades Universales que bien podéis entender. El reto está en reconocerlas en vosotros y no perderlas. La vida colaborará para que así sea. Sin embargo, algunos ignorantes, aquellos que dejaron de ser niños algún día, ¡qué tragedia!, os dirán y repetirán lo contrario. ¡Ellos deberían escucharos!

¡Los que ya estáis despiertos, niños, continuad soñando!
Los que estáis dormidos, no tan niños, ¡despertad y soñad con el juego de la vida y sus juguetes!

Te hablo a ti: DivErSión.
¡Un abrazo!